Sainte Catherine

VIERGE ET MARTYRE,

par le Rév. Père H. V. Vanderspeeten, S. J.

Imprimerie de Saint-Augustin.

DESCLÉE, DE BROUWER ET Cie,

LILLE, RUE ROYALE, 26, — ET RUE DE PAS, 19.

MDCCCLXXXII.

Sainte Catherine

VIERGE ET MARTYRE,

par le Rév. Père H. N. Vanderspeeten, S. J.

Imprimerie de Saint-Augustin.

DESCLÉE, DE BROUWER ET Cⁱᵉ.

LILLE, RUE ROYALE, 26, — ET RUE DE PAS, 19.

MDCCCLXXXII.

INTRODUCTION.

E NOM de sainte Catherine, devenu si illustre dans toutes les Églises tant de l'Orient que de l'Occident, ne se trouve dans aucun martyrologe ancien, ou, si parfois il s'y rencontre, comme dans les martyrologes de Bède et d'Adon, il est évident, à la seule inspection des manuscrits, qu'il y a été ajouté beaucoup plus tard par des mains plus récentes.

D'un autre côté, sous la date du 25 novembre, le Martyrologe romain s'exprime en ces termes :

« Naissance [au ciel] de sainte Catherine, vierge et martyre, qui, pour avoir confessé la foi chrétienne à Alexandrie, sous l'empereur Maximin, jetée en prison et ensuite battue fort longtemps de fouets armés de pointes, acheva enfin son martyre par la décapitation; son corps, transporté miraculeusement par les anges sur le mont Sinaï, y est honoré d'un culte pieux par une affluence considérable de chrétiens. »

Cette absence du nom de sainte Catherine dans les Martyrologes anciens, sa présence au Martyrologe romain, même après les corrections du cardinal Baronius, ce sont deux faits, je pense, incontestables et incontestés.

Les protestants s'en sont prévalus autrefois; nos libres-penseurs, s'ils avaient plus de science et d'érudition, ne manqueraient pas de s'en prévaloir aujourd'hui pour prétendre que l'Église catholique décerne ses honneurs à des saints imaginaires, sortis, tout imprégnés de merveilleux, de la cervelle mystique de quelque moine inconnu du moyen-âge. Et pourtant, « jamais, dirai-je avec Feller dans son *Dictionnaire historique*, l'Église UNIVERSELLE n'a invoqué des saints imaginaires ; si les histoires de quelques-uns ont été rejetées par les savants (qui étaient presque toujours des catholiques), il ne s'ensuit pas autre chose sinon que les vrais actes ont été défigurés ou qu'ils ont péri par les dégâts du temps. Les recherches de la critique prouvent précisément que le Seigneur a des saints dont les actions ne sont bien connues que de lui seul. Du reste, Il a laissé dans son Église et leur mémoire, et l'idée générale de leurs vertus, et la puissance de leur protection, titres suffisants pour diriger l'Église dans le culte qu'elle leur rend. »

D'ailleurs, s'ils sont imaginaires, tous ces saints illustres dont les actes originaux ont péri dans les siècles passés, si, partant, leur intervention auprès de Dieu et les bienfaits obtenus par leur intercession sont imaginaires aussi, et ne reposent sur aucun fondement, qu'on explique d'une manière acceptable comment un très grand nombre de ces saints, et entre autres sainte Catherine, sont devenus et sont restés si populaires pendant de longs siècles, dans tous les pays, à des milliers de lieues de l'endroit où leurs corps sont censés reposer. Si, d'après le même principe, il faut rayer de l'histoire profane les noms de tous les personnages sur lesquels il ne nous reste aucune biographie contemporaine, le cercle de nos connaissances se trouvera considérablement rétréci, et l'histoire, grâce à ce procédé sommaire mais très peu scientifique, se trouvera débarrassée des problèmes les plus ardus qu'elle propose à la sagacité de ceux qui l'interrogent.

Ce n'est pas à dire que des savants n'aient cru retrouver quelque trace de notre sainte dans des documents qu'aucune saine critique ne saurait rejeter avec raison. Le célèbre orientaliste Joseph Assemani, suivi bientôt dans son opinion par des hommes de grand poids, a cru découvrir un débris des actes de sainte Catherine dans le passage suivant de l'historien Eusèbe, qui florissait à l'époque où l'on place généralement le martyre de la sainte. Après avoir longuement parlé des passions brutales de l'empereur Maximin et des mille outrages que son insatiable soif de voluptés infligea à l'honneur des dames d'Alexandrie, Eusèbe (liv. VIII, ch. XIV) continue en ces termes : « Parmi toutes ces femmes, victimes malheureuses de la passion du tyran, seule, une chrétienne, la plus noble et la plus opulente d'Alexandrie, fit ployer par une résistance toute virile la fougue indomptable et dissolue de Maximin. Cette noble femme, aussi distinguée par ses richesses et par son rang que par l'étendue de son savoir, estimait sa chasteté le plus précieux de ses trésors. A diverses reprises, Maximin la sollicita de condescendre à ses désirs ; mais sa passion, plus puissante que sa cruauté, ne put se résoudre à la faire mourir, comme d'ailleurs elle y était préparée. Il se contenta de confisquer tous ses biens et de l'envoyer elle-même en exil. »

Dans le fait de cette héroïne chrétienne qu'Eusèbe ne nomme pas, il y a sans doute bien des traits qui concordent avec ce que nous apprennent les actes postérieurs de sainte Catherine ; mais d'autre part, il faut en convenir, il subsiste de quoi suspendre un jugement éclairé. La vierge d'Alexandrie, d'après Eusèbe, ne fut condamnée qu'à la seule confiscation de ses biens et à l'exil, tandis que sainte Catherine, dit-on, a été décapitée, après avoir enduré d'horribles tourments qui ne firent que raffermir son courage.

Cette difficulté est beaucoup moins sérieuse qu'elle ne le paraît. Il ressort de la narration même telle qu'Eusèbe la fait, que le célèbre écrivain n'était pas entièrement au courant du fait qu'il raconte ; il paraît même ignorer le nom de cette vierge, si illustre pourtant, comme il le dit lui-même, par sa naissance, par sa richesse et par son savoir. Il est donc très possible qu'il soit incomplet, et qu'effectivement Maximin se contenta une première fois de la confiscation et de l'exil, ou même, comme le dit formellement Rufin, traducteur d'Eusèbe et à peu près son contemporain, que la sainte se déroba par la fuite aux instances de l'empereur. Le texte de l'historien grec ne paraît pas d'ailleurs s'opposer à cette interprétation. Les mots dont il se sert signifient dans leur sens le plus naturel *l'ayant condamnée à l'exil*, mais ils peuvent signifier aussi *l'ayant contrainte à fuir*. Eusèbe, dans cette supposition, faute de tout savoir, ne nous donnerait que la première péripétie de ce drame dont nous trouvons le dénoûment dans les actes postérieurs de la sainte. Maximin, sous l'aiguillon de son criminel amour, serait parvenu à découvrir la retraite de sa victime, l'aurait fait ramener en sa présence, aurait renouvelé ses offres séduisantes mais coupables, et, las de voir la sainte obstination d'une héroïne de dix-huit ans, l'aurait livrée à la rage de ses bourreaux. Il n'y a rien là, ce me semble, qui ne soit parfaitement admissible, quoique, une fois encore, rien de tout cela ne soit historiquement prouvé.

Une difficulté plus sérieuse est celle-ci. Rufin, qui mourut septuagénaire en 410, c'est-à-dire un siècle environ après la mort de sainte Catherine, tout en traduisant le passage d'Eusèbe, y glisse le nom de cette vierge d'Alexandrie et l'appelle, non pas Catherine, mais *Dorothée*. Comme Rufin est un écrivain sérieux et qu'il n'est pas à supposer qu'il ait mis ce nom à la légère et sans une autorité respectable, il peut sembler que la question soit résolue et qu'il ne faille plus se condamner à de nouvelles recherches. Le cardinal Baronius n'en a pas jugé ainsi. Remarquant, dans les sources grecques, que le nom de notre sainte s'écrit *Hécatherine* et non *Catherine*, il trouve une analogie entre la forme de ce nom et celui de la déesse *Hécate*. Il pense donc que la sainte vierge d'Alexandrie portait le nom d'Hécatherine dans le paganisme et reçut le nom de Dorothée au baptême. Cette opinion, fort ingénieuse peut-être, ne paraît pas tout-à-fait aussi solide. Est-il probable que parmi les chrétiens le nom païen de la sainte ait prévalu? Est-il admissible qu'Hécatherine dérive d'Hécate? Le nom grec de sainte Catherine est, à la vérité, écrit parfois *Hécatherine*, soit Katherine précédé de l'article grec, mais beaucoup plus souvent *Aicatherine* par la diphthongue *ai*. Cette diphthongue peut n'être qu'une forme particulière d'un mot qui signifie TOUJOURS, tandis que *Katherina* dérive incontestablement d'un mot qui signifie PUR. Catherine signifie donc PURE et *Aicatherina* TOUJOURS PURE. S'il fallait absolument appliquer à sainte Catherine le passage d'Eusèbe et expliquer le Dorothée de Rufin, je dirais que Catherine ou Aicatherine est un surnom de gloire donné par les chrétiens à une païenne convertie, du nom de Dorothée, parce que ni les menaces des tourments, ni les promesses d'un diadème impérial n'ont pu prévaloir sur son amour pour la virginité.

Quoi qu'il en soit de toutes ces discussions, auxquelles j'ai hâte de mettre un terme, je ne prétends en aucune manière donner pour historiquement vrais ni même probables tous les détails de la vie de sainte Catherine, telle qu'on la lira dans ces pages. Il en est un grand nombre qui sont inconciliables avec les données les plus certaines de l'histoire, à commencer par le nom même du tyran sous lequel la sainte a subi le martyre. Tous les actes que j'ai vus et toutes les légendes qui s'en sont inspirées appellent ce prince MAXENCE, alors qu'il est bien certain que Maxence n'a jamais exercé le pouvoir suprême en Egypte ni partant à Alexandrie. C'est Maximin qui régnait en ces contrées. Aussi le nom de cet Auguste a-t-il été substitué à celui de Maxence par tous les critiques qui n'ont pas absolument rejeté les Actes de sainte Catherine. J'ai cru bien faire de les imiter en ce point, quoique je n'ai apporté à mon travail aucune prétention d'historien. Tout ce que je veux, c'est de recueillir et de fondre en une seule les charmantes légendes de notre grande sainte, laissant d'ailleurs aux savants la mission plus austère de démêler le vrai d'avec le faux, la réalité d'avec l'allégorie, le certain d'avec l'impossible.

Mais à quoi bon, me dira quelqu'un, propager, sur le compte d'une sainte, des légendes où la fiction domine et qui méritent à peine quelque créance ? Quelle utilité en attendez-vous ?

La réponse me parait facile ; peut-être satisfera-t-elle d'autres que moi.

J'y vois de l'utilité premièrement au point de vue ARTISTIQUE. On peut hardiment défier un artiste ou un savant quelconque de rien entendre au symbolisme de l'art chrétien, aux caractéristiques de nos saints, au langage si naïvement poétique de nos *ymaigiers* du moyen-âge, aux chefs-d'œuvre chrétiens de tous nos peintres depuis Memling jusqu'à Van Dyck et au delà, s'il n'a une connaissance assez complète de nos diverses légendes. Car, de tout temps, c'est plus dans la légende que dans l'histoire que les grands maîtres ont cherché leurs inspirations.

Secondement, au point de vue LITTÉRAIRE. Les légendes des saints sont de véritables épopées chrétiennes qu'il serait souverainement regrettable de laisser perdre. Quand elles ne devraient produire dans le cours des âges qu'un second *Polyeucte*, ce serait déjà la peine de les conserver.

Troisièmement, au point de vue HISTORIQUE. L'historien qui passe une légende au crible de la critique, y trouve toujours quelque germe de vérité qu'il sait faire fructifier. Tout au moins, arrivé à la source même de la légende, y découvre-t-il de curieux détails de goût et de mœurs qui lui font mieux connaître l'époque où la légende a pris naissance.

Quatrièmement enfin, au point de vue de la PIÉTÉ qui intéresse plus particulièrement mes lecteurs. Les légendes, à ne les considérer que comme de pures allégories, se font un idéal de la vertu chrétienne, en choisissent les éléments dans des sujets divers pour en former un type, s'inspirent des plus nobles sentiments du cœur chrétien, et encouragent à la pratique de la vertu moins par les préceptes, toujours arides, que par une mise en scène toujours attrayante et pleine de vie.

Il est donc utile d'écrire des légendes, et j'en écris une.

Pour le faire, je me suis principalement inspiré de trois livres. Premièrement des Actes de la sainte écrits en grec par Siméon le Métaphraste, ou tout au moins reproduits en latin sous son nom par Surius et Lippomani avec le titre : *Martyrium sanctæ martyris Ecatharinæ*. On a publié, sous le nom de Siméon le Métaphraste, grand chancelier de la cour de Constantinople, un très grand nombre d'Actes de saints auxquels il n'eut aucune part, et qu'il est fort difficile parfois de discerner d'avec ceux qui lui appartiennent réellement. Les Actes de sainte Catherine pourraient bien être de ce nombre.

Secondement, d'autres Actes qui, pour le fond, ne diffèrent pas essentiellement des premiers et que l'on trouve conservés dans la collection latine de Mombritius. Enfin, pour la note poétique et tout à fait légendaire, j'ai tâché de mettre à profit un très curieux ouvrage de la fin du XVme siècle, dont je m'abstiens à regret de traduire le prologue, tant il y a là de charmante bonhomie et de naïve candeur. L'auteur, le frère Pierre, brave et excellent prêtre religieux de l'Ordre de Saint-Jean de Malte, membre de la Commanderie de l'Ile verte de Strasbourg, place en tête de son ouvrage, orné d'ailleurs dans le texte d'assez belles gravures, le titre original que voici : *Ceci est une nouvelle, singulière et rare légende, recueillie et composée sur six autres légendes, traitant de l'origine et de l'ordre de vie, de la conversion et de la dispute magistrale comme aussi de la passion, de la mort et des miracles de la noble reine, glorieuse vierge et martyre, sainte Catherine. Elle fut, de plus, autrefois habitante d'Alexandrie.*

Un des motifs qui ont engagé le pieux auteur à entreprendre ce travail, c'est, dit-il, « la grande dévotion et le respect qu'il doit avoir pour cette bienheureuse vierge Catherine, à raison des bienfaits innombrables, tant pour l'âme que pour le corps, qu'il n'a cessé de recevoir journellement de sa bonté, dans les petites comme dans les grandes choses, qu'il reçoit encore chaque jour et qu'il espère recevoir jusqu'au terme de sa vie. »

O bonne et grande sainte, épouse chérie du Christ, si vos actions ici-bas demeurent ignorées des hommes, je sais, par le témoignage de l'Église universelle, que vous jouissez auprès de Dieu d'un pouvoir que j'implore. Votre nom, que tant de générations ont invoqué, fut un des premiers que j'appris à murmurer à l'oreille d'une sœur trop tôt ravie à mon affection. Je ne doute point qu'elle ne soit avec vous dans le ciel. Présentez-lui ces quelques pages écrites en votre honneur comme une preuve du fraternel souvenir que je lui garde. Bénissez-moi en vue d'elle, et aidez-la à obtenir, ainsi qu'à tous ceux qui liront ce petit livre, votre héroïque amour pour Jésus.

H. P. VANDERSPEETEN, S. J.

VIE ET LÉGENDE DE SAINTE CATHERINE.

CHAPITRE I. — Un lis parmi les roses.

CE QUE l'histoire ignore, la légende le sait. A peine Dioclétien eut-il rouvert contre les chrétiens l'ère des persécutions, que la main vengeresse du Ciel souleva contre lui les peuples de l'Égypte, de la Perse et d'une grande partie de ce qu'on appelait alors la Grèce. Pour réprimer la révolte de ce dernier pays, un jeune capitaine, du nom de Constance, neveu de l'empereur Claude par sa mère, fut mis à la tête d'une puissante armée et débarqua bientôt sur le théâtre de l'insurrection. Sa prudence et sa douceur firent plus que ses armes. Elles conquirent en peu de temps les sympathies de ce peuple qu'il était venu combattre et dont un décret de Rome lui confia l'administration après qu'il en eut apaisé la passagère effervescence.

Non loin de là, dans la Petite Arménie, régnait un vieux monarque qui, charmé des belles qualités de Constance, lui donna sa fille unique en mariage avec tout son royaume pour dot. De cette union naquit un fils du nom de Costus. Ce jeune enfant, beau, gracieux, aimable, en un mot aussi distingué que son père, ceignit la couronne de son aïeul dès que l'auguste vieillard fut descendu dans la tombe. Ce fut Constance lui-même qui la lui plaça sur la tête au moment où les besoins de l'Empire le contraignirent de quitter sa femme et son enfant pour voler à Rome, de Rome en Espagne, et d'Espagne au pays des Bretons. Dans ce dernier pays, il prit pour femme, après la mort de sa première épouse, la noble fille du roi de Bretagne, nommée Hélène, qui le rendit père de trois fils, dont le plus illustre fut Constantin le Grand. Si les historiens, dit naïvement l'auteur de la légende, ne parlent pas de Costus, enfant du premier mariage de Constance, c'est qu'il entre assez dans leurs habitudes de négliger les enfants qui vivent loin de leur père et de garder toute leur attention pour ceux qui se sont partagé l'héritage paternel. Or Costus ne quitta jamais l'Orient et, à ce qu'il semble, ne fit pas beaucoup parler de lui. De là le silence des historiens.

L'expérience est ingénieuse, et, pour ne pas l'admettre, il faudrait être d'autant plus revêche que déjà le nom de Costus, avec son titre de roi, se trouve dans les Actes écrits par Simon le Métaphraste. Cet auteur paraît ignorer quelle fut la femme de Costus. Notre légendaire du XVe siècle en sait beaucoup plus long sur ce point. Il nous raconte en effet que le roi Costus, en haine de son père Constance, fut dépouillé de son royaume par le tyran Maxence, disons Maximin, et obligé de chercher un refuge à Alexandrie, où régnait un grand prince, tributaire, dit-on, des souverains d'Égypte. Il vécut là jusqu'à la fameuse victoire que remporta son frère Constantin près du pont Milvius, et qui lui valut à lui, Costus, la restitution de ses domaines.

Il ne retourna pas seul dans sa capitale. Touché des grâces ravissantes de la princesse Sabinelle, fille unique de son hôte, il fut heureux d'en faire son épouse et de l'amener à ses côtés dans son beau royaume d'Arménie. Ce fut là que naquit, de Costus et de Sabinelle encore païens, une enfant de bénédiction qui prit le nom de CATHERINE.

A peine arrivée à l'âge de six ans, dans une solennité publique, comme c'était l'usage pour les enfants des rois, la jeune Catherine montrait déjà une gravité si extraordinaire pour son âge qu'elle faisait l'étonnement de tous ceux qui l'approchaient. Ses parents, ravis du trésor confié à leurs mains, l'entourèrent d'une affectueuse sollicitude et n'omirent rien pour développer les admirables qualités de son esprit. Les philosophes et les rhéteurs les plus distingués de l'époque furent invités à donner leurs leçons à la jeune et intéressante princesse, qui comprenait tout sans effort, qui retenait tout sans fatigue. Loin d'abuser de cette étonnante facilité de conception et de cette mémoire prodigieusement fidèle pour se livrer à la paresse ou aux divertissements, elle s'appliquait à l'étude avec une soif de savoir que rien ne pouvait contenter. Aussi, à l'âge où les jeunes personnes ordinairement commencent seulement à s'initier aux sciences et à la littérature, ni sciences ni littérature n'avaient plus de secrets pour la princesse.

Ces qualités extraordinaires de l'esprit étaient rehaussées en elle par une beauté si rare qu'elle ne paraît pas avoir eu son égale sur la terre. Ce n'était pas seulement, dit un auteur ancien, le charme souriant de l'aurore, c'était l'astre du jour dans tout l'éclat de sa splendeur. Malheureusement ses yeux si beaux durent bientôt verser des larmes brûlantes sur la tombe du roi Costus, dont Catherine était à bon droit l'orgueil et l'amour. Par suite, les soucis du gouvernement vinrent ajouter, à cette vie qui n'avait connu que les roses, de longues et cruelles épines jusqu'au jour où le Ciel, jaloux de rendre parfaite une plante si belle, l'arrosa des eaux vivifiantes de sa grâce pour la transporter bientôt, empourprée d'un sang virginal, dans les célestes jardins où rien ne se flétrit.

CHAPITRE II. — Sabinelle et Catherine.

SUR les confins de la Petite Arménie et des fertiles campagnes de la Syrie, se dresse une haute montagne. Elle s'appelle la *Montagne noire* et sert de frontière naturelle à l'un comme à l'autre pays. Là vivait au commencement du IVe siècle, loin du tumulte des cités, parmi d'autres saints personnages, un pieux anachorète, nommé Ananie, plus connu de Dieu que des hommes, uniquement occupé de la grande affaire du salut. Un jour que la princesse Sabinelle, inconsolable de la perte de son mari, cherchait dans ces lieux déserts à jouir de la chère image qu'elle emportait partout dans son cœur, elle rencontra cet homme extraordinaire, vêtu de bure et amaigri par de cruelles austérités. Les yeux qui pleurent s'ouvrent aisément à la lumière de la grâce. Surprise de rencontrer un homme en ces sauvages contrées, la reine-mère s'informa de son genre de vie et du motif qui l'avait engagé à se retirer dans cette horrible solitude. Ananie satisfit avec bonheur à la curiosité de la princesse et lui fit connaître les principaux points de la religion catholique. Tout cela parut si beau à la veuve de Costus, elle trouvait dans cet enseignement, nouveau pour elle, un si grand soulagement aux étreintes de son pauvre cœur, qu'elle voulut en savoir davantage. Elle retourna bien des fois à la Montagne noire et n'en revenait jamais sans se sentir meilleure. Quelques mois s'écoulèrent, et un jour, l'œil de sa fille, s'il eût été plus exercé, aurait découvert dans le regard de sa mère le rayonnement d'un bonheur surhumain. Ananie, devenu le confident et le père spirituel de la reine, avait versé l'eau sainte sur son front : Sabinelle était chrétienne.

Catherine devait l'être bientôt ; mais elle n'était pas femme à se rendre aussi facilement que sa mère. Lorsqu'elle entendit la nouvelle convertie lui exposer, avec le zèle d'une néophyte, les beautés de notre religion, et l'inviter à se mettre en relation avec l'anachorète de la Montagne noire, il lui sembla que l'esprit de sa mère avait faibli sous les tristesses du veuvage. D'une nature aussi orgueilleuse que semblaient le permettre ses rares qualités, la jeune reine, à peine âgée de quinze ans, ne pouvait se rendre à l'idée d'adorer un Dieu mort sur un bois infâme. Elle fit valoir son sentiment avec tant d'éloquence et l'appuya de raisons si fortes, que sa mère, incapable de répondre à ses arguments, ne put que l'inviter avec plus d'instances à aller trouver le solitaire qui lui avait rendu le bonheur. Or c'était tout juste ce que l'orgueil de Catherine ne pouvait se résoudre à promettre. C'eut été à ses yeux reconnaître la supériorité d'un homme qui évidemment ne pouvait en savoir autant qu'elle. Ananie, fidèlement tenu au courant par la mère de la jeune princesse, jugea qu'il fallait tout attendre de la prière, et que le Ciel ne laisserait pas ensevelir dans les ténèbres du paganisme une âme qu'il avait si richement ornée de tous ses dons. Son espérance ne fut pas déçue.

Depuis longtemps la mère de Catherine, appuyée dans sa démarche par tous les grands du royaume, insistait auprès de sa fille pour lui faire choisir un époux qui l'aidât à porter le poids du sceptre. Elle lui mit sous les yeux qu'il est plus convenable de voir un homme placé à la tête d'un royaume qu'une simple femme que n'entoure pas ordinairement assez de prestige. C'était d'ailleurs le seul moyen de ne pas laisser tôt ou tard le trône en proie à mille compétitions rivales qui rempliraient ses États de trouble et de sang. Assez d'illustres princes s'honoreraient d'une union que tous briguaient à l'envi. Au reste, ne pouvait-on pas tout craindre de la part de jeunes seigneurs qui verraient toutes leurs espérances trompées et qui pourraient s'emparer de vive force de ce qu'une obstination malheureuse leur aurait refusé ? A toutes ces raisons et à bien d'autres encore, Catherine avait toujours répondu avec plus d'esprit que d'humilité : « Eh ! ma mère, je ne demande pas mieux que de condescendre à votre désir ; mais vous seriez la première à me blâmer si je contractais une alliance indigne de moi. Puisque mon mari doit être mon maître, il est juste qu'il ait au moins autant de qualités que moi. Trouvez-moi un jeune prince qui soit aussi sage, aussi beau, aussi noble, aussi riche que je le suis, et je vous jure qu'en votre considération je le prendrai pour époux. » Cette réponse avait, dans le principe, encouragé bien des prétendants ; mais tous, après la première entrevue avec la jeune Catherine, avaient dû avouer qu'ils n'étaient pas de taille à lui être comparés. D'un autre côté, la reine-mère, aussi bien que les grands du royaume, ne savait que répondre à un raisonnement dont elle ne pouvait que louer la sagesse et qui pourtant faisait son désespoir.

Dans cette situation sans issue, Sabinelle eut recours à son conseiller ordinaire :

« Mon Père, lui dit-elle, de grâce priez, suppliez notre Dieu ; il nous faut obtenir une double faveur pour ma fille : que le Ciel éclaire pleinement son esprit et qu'il triomphe de son insurmontable obstination.

— Ayez courage, ma fille, lui répondit l'anachorète de la montagne noire ; la prière est toute-puissante. Je m'engage devant vous et devant ma conscience à obtenir de Dieu la réalisation de vos désirs. Allez, ma fille, la confiance opère des miracles. »

Quand la reine fut partie, le saint ermite s'agenouilla sur le sol aride de la grotte qu'il humecta de ses larmes ; il resta longtemps absorbé dans une ardente prière, puis il se releva et dirigea vers le ciel un regard où brillaient la reconnaissance et la joie.

CHAPITRE III. — Les célestes épousailles.

A QUELQUES jours de là, Sabinelle dormait dans ses appartements où couchait également sa fille. Les deux reines eurent une même vision. Elles virent le ciel s'ouvrir et la Mère de Dieu descendre auprès d'elles environnée d'un immense cortége de saints. Tous, rayonnants de beauté, apôtres, confesseurs et martyrs, formaient une cour étincelante à leur auguste souveraine. S'approchant du lit de la jeune princesse :

« Catherine, ma fille, lui dit la céleste visiteuse, vois tous ces illustres personnages qui m'entourent. Ce sont autant de rois qui ont vaillamment combattu sous les ordres de l'empereur, mon fils. Tu es vierge encore et n'as engagé ta foi à nul homme. Choisis donc dans les rangs de ces princes, et je te promets pour époux celui de mes saints que ton cœur aura préféré.

— Illustre Dame, répondit Catherine, ces nobles personnages sont très beaux sans doute et la terre n'en engendre point de pareils. Et pourtant il n'en est pas un qui me satisfasse. Leur beauté surpasse tout ce que mes yeux ont vu jusqu'ici, mais mon cœur en rêve une plus grande encore. »

A ce moment, le ciel s'ouvrit une seconde fois, et un nouveau cortége d'une splendeur que nul homme ne saurait décrire vint rejoindre le premier et en éclipser l'éclat. Il était formé par d'innombrables légions d'esprits célestes, anges, archanges, chérubins et séraphins, dont les hommages respectueux entouraient un jeune homme de vingt à vingt-cinq ans, placé au milieu de leurs compactes phalanges.

« Est-ce là, demanda la sainte Mère de Dieu à la princesse, est-ce là l'époux que rêve ton cœur ?

— Oui, oui, c'est lui, noble Dame, s'écria Catherine transportée d'admiration, c'est lui. Qu'il est beau ! qu'il est ravissant ! C'est lui, je n'en veux point d'autre. »

Mais la reine Sabinelle, épouvantée de la hardiesse de sa fille, et d'ailleurs éblouie autant qu'elle par l'éclat extraordinaire de ce prince :

« Y songes-tu ? mon enfant, dit-elle à Catherine. Est-ce bien un mortel qui revêt tant de splendeur ? Oh ! certes non, ce n'est pas là un roi comme le commun des monarques. J'ai la conviction que c'est l'empereur souverain à qui obéissent tous les rois qui viennent de passer sous tes yeux, et parmi lesquels, avec moins de prétention, tu aurais trouvé un époux digne de toi.

— O bonne et douce mère, reprit Catherine à voix basse, ne grondez point votre pauvre enfant ; je ne vois que ce beau prince qui l'emporte sur moi, et je ne saurais vouloir que de lui. Oh ! de grâce, adressez-vous à l'impératrice, sa mère, et demandez-lui qu'elle rende son fils propice à mes désirs. Dites-lui bien que s'il se refuse à mes vœux, je traînerai ma vie, solitaire et gémissante, comme une tourterelle dans le veuvage ; jamais je n'aurai d'autre époux que lui.

— Eh bien, soit, petite orgueilleuse, répondit Sabinelle. J'irai trouver la mère de ce jeune et ravissant monarque, je lui ferai part de tes vifs mais téméraires désirs. Je la conjurerai de s'interposer en ta faveur et de te donner pour époux le préféré de ton cœur ;

mais ajouta-t-elle aussitôt, je crains beaucoup que mon affection pour toi ne me fasse faire une démarche présomptueuse et inutile.

— Oh ! allez, allez, bonne, excellente mère ; je vous en aimerai d'autant plus le reste de mes jours. »

Aussitôt Sabinelle, s'approchant avec respect de la Mère du Très-Haut, lui présenta timidement sa fille, la conjurant avec instance de l'agréer pour en faire l'épouse de son Fils. L'auguste Reine des anges sourit avec bonté à la requête de la princesse, et, se tournant vers son Fils :

« Mon Enfant bien-aimé, lui dit-elle, voulez-vous recevoir pour épouse cette jeune princesse, si ravissante et si pure ? »

Catherine attendait la réponse du grand empereur, partagée entre l'espoir et la crainte. Son cœur semblait vouloir se rompre dans sa poitrine, tant les battements en étaient violents et rapides. Mais le Fils de Dieu, que la pauvre princesse n'avait pas encore eu le bonheur de connaître, détourna son doux regard de celle qui demandait à régner avec lui, et, s'adressant à la Reine des cieux :

« Ma mère, répondit-il, je ne puis condescendre à votre désir. N'intercédez pas auprès de moi pour cette malheureuse enfant qui n'est pas même de ma religion. Empereur des chrétiens, comment pourrais-je accepter une épouse païenne ? Non, non ; qu'elle renonce à ses faux dieux, qu'elle purifie son âme dans les eaux du baptême, et alors, mais alors seulement, je lui remettrai de ma main le riche anneau de nos épousailles. »

Soudain tout disparut, et les deux reines s'éveillèrent

à la fois, Sabinelle remplie de la plus douce des émotions, Catherine baignée de larmes et plus désireuse que jamais d'avoir Jésus pour époux.

Bien des jours se passèrent dans les pleurs. L'orgueil de Catherine reculait devant l'humiliation de professer la foi chrétienne ; son cœur la poussait à tout faire pour devenir l'épouse du grand roi qui avait apparu à ses yeux. Ce fut le cœur qui l'emporta.

Un jour, à la grande joie de Sabinelle, Catherine pria sa mère de l'amener auprès d'Ananie.

Les préparatifs ne furent pas longs ; on fut bientôt arrivé à la grotte de la Montagne noire. La reine-mère, prenant l'ermite à part, lui raconta en peu de mots la vision qu'elle avait eue ainsi que sa fille, et le pria de ne rien négliger pour ouvrir les yeux de l'âme de cette heureuse enfant, si largement prévenue des grâces d'en haut. Ananie fit signe à Catherine d'approcher.

« Auguste reine, lui dit-il, le jeune homme si beau que notre Dieu vous a montré dans un rêve, n'est autre que le Fils même du Tout-Puissant qu'adorent les chrétiens. Si vous voulez jouir de son amour en qualité d'épouse, le baptême seul peut faire disparaître l'obstacle qui se dresse entre vous et lui. Soyez aussi humble que vous êtes sage, riche et bonne ; soyez chrétienne, et le cœur de votre Dieu est à vous.

— Oh ! je le veux, s'écria Catherine soudainement frappée des traits d'une grâce victorieuse ; je le veux, mon Père. Dites-moi, que faut-il que je fasse ? »

Le pieux ermite fit comprendre à la nouvelle catéchumène que son premier devoir était de s'instruire des vérités de notre sainte religion. Il lui servit de maître et de guide en cette étude, aussi nouvelle que pleine de charme pour elle. Bientôt tous ses livres profanes lui devinrent insipides, et elle n'eut plus ni temps ni zèle que pour les saintes Écritures qu'Ana-nie n'avait pas craint de confier à sa discrétion.

Grâce à son esprit lucide et pénétrant, Catherine ne tarda guère à être en état de recevoir le baptême. Elle le reçut en effet quelques jours plus tard des mains du pieux ermite, qui la vit mêler ses pleurs à l'eau sainte répandue sur son front.

A peine de retour au palais, la jeune reine se retira dans son oratoire, se mit en prière et bientôt s'en-dormit du plus paisible sommeil. Après quelques instants, le soleil se rouvrit à ses yeux comme la première fois, et le Fils de Dieu, au milieu de ses anges, descendit auprès de sa fiancée plus beau qu'elle ne l'avait vu jusqu'alors.

« Catherine, lui dit-il d'une voix caressante, je t'apporte en personne le gage promis de notre union. Sois vierge, sois reine dans mon royaume, sois mon épouse pour l'éternité ! »

Et ce disant, il prit dans ses mains la main gauche de Catherine et lui passa au doigt une bague superbe où resplendissait la plus belle des opales. A son réveil, les yeux de la princesse tombèrent sur le précieux joyau, irrécusable témoin de ses célestes épousailles, et de douces larmes coulèrent sur ses longs sourcils, larmes de foi, d'espérance et d'amour.

Jamais, jusqu'à sa mort, elle ne se sépara un instant de ce cher souvenir laissé par l'époux de son âme, et quand le glaive du bourreau s'abattit sur son cou virginal, elle y attacha son dernier regard et son dernier baiser. Après son martyre, l'église d'Alexandrie hérita de cette bague et la conserva parmi ses plus précieuses reliques, jusqu'à l'invasion des enfants de Mahomet. Peut-être alors un ange vint-il reprendre ce cadeau du ciel; car jamais depuis nul homme n'a pu savoir ce qu'il était devenu.

CHAPITRE IV. — Une décision imprévue.

CEPENDANT les principaux seigneurs d'Arménie ne laissaient à leur jeune reine aucun repos sur la question de son mariage. Elle avait beau leur répondre : « Eh, Seigneurs, mon mariage est fait. J'ai épousé le plus grand des rois, le Fils même de Dieu, le Sauveur du monde. Je ne veux entendre le nom d'aucun autre prétendant, parce qu'il n'y a que lui qui soit digne de mon amour et qui gardera ma foi. Voyez l'anneau de mes épousailles. C'est lui-même qui me l'a passé au doigt. » Païens comme ils l'étaient, ils ne pouvaient comprendre cette union mystique et ne voyaient dans la réponse de Catherine qu'un trait d'esprit pour se soustraire à leurs obsessions. Ils revenaient sans cesse à la charge, au grand déplaisir de la princesse, qui ne demandait plus qu'à vivre pour Dieu seul. Elle résolut de mettre un terme à ces importunités. Encouragée dans ses goûts de retraite par la reine Sabinelle, elle remit son autorité à un vice-roi nommé par elle, et se retira avec sa mère et l'élite de sa cour dans la ville d'Alexandrie, partie intégrante autrefois des domaines de son grand-père maternel.

Furieux de ce départ et désireux peut-être de se couvrir d'un lambeau de cette pourpre dont Catherine paraissait faire si peu de cas, les grands du royaume d'Arménie envoyèrent des députés à Maximin, qui se trouvait pour lors en Orient. Ils lui notifièrent l'abandon où les laissait leur jeune reine et l'engagèrent à ne pas l'épargner, puisqu'elle n'avait pas craint d'embrasser le christianisme, au mépris de la religion de ses sujets.

Maximin était dans un de ces rares bons moments où l'ivresse ne l'empêchait pas de réfléchir. Il écouta bienveillamment ces avances qui lui permettaient d'ajouter une province à sa vaste part d'empire. Seulement quand, informations prises, il sut que Catherine était fille de Costus et nièce de Constantin, quelque envie qu'il eût de décharger sur elle la haine dont il poursuivait son oncle, il comprit qu'il fallait dissimuler et attendre des conjonctures plus favorables à ses desseins. Il recommanda donc aux grands d'Arménie de ne faire aucun bruit de toute cette affaire, mais d'attendre son arrivée à Alexandrie; qu'alors il examinerait quel parti il serait le plus convenable de prendre. La trahison n'eut pas d'autre suite pour le moment.

Sur ces entrefaites, la bonne reine Sabinelle, trop heureuse peut-être des admirables dispositions de sa fille, avait payé son tribut à la nature, bénissant jusqu'à sa dernière heure le Dieu qu'elle n'avait connu que pour l'aimer. Catherine, après avoir rendu à sa mère les honneurs dus à son rang, aurait bien voulu se séparer entièrement du monde et congédier le peuple de serviteurs, d'officiers et de dames d'honneur qu'elle avait à son service. Mais il lui sembla qu'il y aurait une sorte d'injustice à exposer toutes ces personnes, qui l'avaient fidèlement servie,elle et son père, au dénûment et aux persécutions que n'aurait pas manqué de leur attirer sa résolution héroïque. Elle aima donc mieux sacrifier ses goûts pour la solitude et ne changea rien au train ordinaire de son palais. Au reste, elle ne garda dès lors pour ses dépenses personnelles qu'une fort petite part de ses immenses revenus, heureuse de vider ses trésors dans le sein des pauvres et des malheureux.

Sérieuse comme elle l'avait été dès son enfance, elle ne prenait aucun plaisir aux divertissements ordinaires des cours, ni aux lectures frivoles qui deviennent trop souvent dangereuses. Tout son temps était partagé entre la prière et l'étude des livres saints. Elle y devint si habile que les maîtres les plus renommés dans la philosophie païenne ne savaient plus qu'opposer à l'irrésistible puissance de ses arguments,et ne quittaient le palais qu'avec la conviction humiliante de leur incontestable infériorité. Elle ne prépoyait pas alors que le Ciel réservait un plus glorieux théâtre à son savoir et un suprême triomphe à sa céleste philosophie.

CHAPITRE V. — Catherine devant Maxime.

A L'ÉPOQUE où nous sommes arrivés dans notre légende, l'empire romain n'était plus qu'une ruine imposante dont quatre ou cinq empereurs au moins se disputaient, se partageaient ou se volaient l'un à l'autre les immenses débris. Maximin,l'un d'entre eux, ni meilleur, ni pire que les autres, si l'on en excepte Constantin, était un monstre de luxure, d'intempérance et de débauche. La volupté se rend volontiers cruelle. Or, à l'époque de Maximin, la cruauté était facile aux tyrans. N'y avait-il pas toujours les chrétiens à déchiqueter, à éventrer ou à rôtir ? Maximin se donna cette satisfaction ; il persécuta les chrétiens.

C'était vers l'an 310. Déjà le Ciel se préparait à confondre les vaines espérances du paganisme en appelant à la foi du Christ l'héritier des Césars quand Maximin, pour lors de résidence à Alexandrie, fit expédier, par toute l'étendue de son empire, un édit conçu en ces termes :

« Maximin, empereur, etc., à tous les peuples de sa domination, salut. Si la reconnaissance est un devoir à l'égard des hommes, elle l'est plus impérieusement encore envers les Dieux. Redevable à leur bienveillante protection d'un bienfait extraordinaire, nous entendons que des grâces solennelles leur soient rendues dans notre ville d'Alexandrie. C'est pourquoi nous mandons à tous nos sujets qu'ils aient à se rendre au plus tôt dans ladite cité pour y offrir leurs sacrifices. Que chacun y apporte ce qu'il a de meilleur afin de témoigner plus généreusement sa reconnaissance. Notre faveur est acquise à tout homme qui obéira à ce décret ; mais malheur à quiconque, sous le prétexte d'une religion détestable et proscrite, voudra se soustraire à une obligation qui incombe à tout loyal sujet ! Les tourments et la mort auront raison de sa résistance criminelle. »

A mesure que cet édit comminatoire se répandit

dans l'Orient, il y eut comme un ébranlement général dans cette partie de l'empire. Des milliers de personnes accoururent de toutes parts à Alexandrie, les unes par attachement à leurs idoles, les autres, en plus grand nombre, par crainte des tourments qu'on leur faisait entrevoir. Cette affluence extraordinaire, qui allait toujours croissant, décupla en peu de jours la population d'Alexandrie. L'enceinte des murailles se trouva trop étroite pour contenir ces interminables caravanes, qui se succédaient sans interruption. Les riches amenaient à leur suite des troupeaux entiers de victimes destinées au sacrifice ; les pauvres apportaient dans leurs mains des volatiles de toute espèce qui devaient témoigner de leur reconnaissance et de leur misère. Partout dans les rues on ne voyait que festons et banderoles; on n'entendait que le bruit strident des cymbales mêlé au sourd mugissement des taureaux, au bêlement plaintif des brebis et des agneaux. Dans toute la ville, le feu brûlait sur des autels improvisés en plein vent ; l'air était infecté de l'odeur nauséabonde de tous ces animaux consumés dans les flammes, et les rayons du soleil avaient peine à percer l'épaisse et noire fumée qui de tous les carrefours, s'élevait vers le ciel.

Pour stimuler la générosité de ses sujets, Maximin eut à cœur de se montrer généreux. Dans le temple principal d'Alexandrie, cent trente taureaux devaient être immolés, en son nom, aux pieds mêmes de ses fausses divinités. Déjà l'encens fumait dans les cassolettes d'or et embaumait la vaste enceinte du temple ; les prêtres des idoles et les sacrificateurs, armés de longs coutelas, faisaient approcher les victimes, ornées pour la circonstance de riches bandelettes de pourpre : Maximin tenait levée de la main droite la large coupe des libations, lorsque soudain le chef des huissiers commis à la garde du temple, fendant la foule, vint droit à l'empereur debout sur son trône, et, s'inclinant profondément devant lui :

« Seigneur toujours auguste, lui dit-il, une illustre princesse escortée d'une cour nombreuse demande à être introduite auprès de vous sur-le-champ.

— Qui est-elle ? demanda Maximin.

— Je l'ignore, Seigneur. Mais à la voir, on dirait une déesse. La céleste Hébé ne saurait être plus gracieuse, ni Minerve plus auguste.

— Qu'on l'introduise, » fit l'empereur, et, sur un signe de sa main, la garde prétorienne fit reculer la foule frémissante.

Les rangs, tout compactes qu'ils étaient, s'ouvrirent, et une jeune enfant de dix-huit ans à peine parut aux regards émerveillés de la multitude. Ses membres fins et délicats se cachaient sous une longue robe blanche à larges plis, serrée à la taille par une ceinture de pourpre émaillée de pierres précieuses. Un long voile transparent, retenu sur le front par un brillant diadème, l'enveloppait, pour ainsi dire, tout entière, et laissait à peine entrevoir la pudique rougeur qui couvrait ses joues. Les flots ondoyants de sa chevelure éparse se déroulaient derrière sur un manteau de soie bleu-pâle, bordé d'hermine et rattaché par-devant sur la gorge par une agrafe en rubis. Suivie de ses dames d'honneur, elle s'avança avec une modeste assurance jusqu'au pied du trône où l'empereur la reçut debout. Un murmure d'admiration et d'étonnement l'accueillit sur son passage, et mille bouches prononçaient le nom de la fille de Costus.

C'était en effet Catherine ; c'était la blanche colombe qui venait provoquer le vautour jusque dans son aire. Elle avait eu connaissance du nouvel édit ; elle avait entendu le bruit inusité dont la capitale de ses anciens États retentissait depuis des jours, et elle s'était contentée de gémir et de prier pour ses malheureux compatriotes d'adoption, prête à mourir pour eux suivant l'exemple de son Dieu. Mais, ô malheur, ô désespoir pour son cœur ! elle avait appris qu'un certain nombre de chrétiens, par peur des tourments, et sous prétexte qu'il ne fallait pas laisser suspecter leur amour pour la patrie, s'étaient mêlés à la troupe des païens, et avaient eux aussi amené leurs victimes aux idoles. Alors son cœur s'était serré dans sa poitrine, et, par une subite inspiration, comptant plus sur l'assistance d'en haut que sur la séduction de sa beauté, elle était venue au sanctuaire des païens essayer d'arrêter les sacrifices ou à y mourir pour sa foi.

Arrivée auprès de Maximin, elle s'inclina avec une grâce charmante, et, d'une voix émue,

« Seigneur, lui dit-elle, que prétendez-vous faire ? Pourquoi cette coupe entre vos mains ? Pourquoi ces bourreaux en suspens, ces apprêts du sacrifice ? Que peuvent pour le salut d'un empire ces stupides idoles qui ont des yeux pour ne point voir, des oreilles pour ne point entendre, une bouche pour ne point parler? Le respect que je porte à votre auguste dignité, prince, m'oblige à paraître en votre présence. Non, je ne permettrai pas à un empereur de Rome, à un héritier des Césars, de s'abaisser comme un vil peuple devant de prétendues divinités qui ne sont rien. Il n'est qu'un Dieu qui tient entre ses mains la trame de vos jours, qui peut à son gré donner ou reprendre, à qui il lui plaît, le pouvoir que vous ne tenez que de lui. Ce Dieu....

— Madame, interrompit Maximin, vous oubliez à qui vous parlez.

— Pardon, Seigneur; je sais que j'ai devant moi le neveu de l'empereur Galère, triomphateur invaincu des Germains, des Perses et des Sarmates. Si ma parole peut lui être suspecte parce qu'elle est la parole d'une chrétienne, il écoutera du moins le témoignage des plus illustres païens, philosophes, historiens, orateurs et poètes, qui tous proclament à l'envi l'inanité de ses dieux. Diodore, un d'entre eux...

— Madame, interrompit une seconde fois Maximin, ce n'est ni le temps, ni le lieu de discuter une thèse philosophique. Laissez-nous achever le sacrifice. On pourra vous entendre plus tard.

— En sera-t-il temps encore ? Si vous vous étiez contenté, prince, de vous livrer à vos superstitions maudites avec les hommes de votre culte, je me serais contentée de prier pour vous dans mon palais et je ne fusse point venue interrompre vos solennités. Mais la rigueur de votre édit a amené dans ce temple, au pied de ces autels, une troupe de chrétiens dissimulés qui offrent leur encens à des dieux qu'ils méprisent. Voilà votre crime. Vous répondrez de ces âmes que Jésus-Christ a rachetées de son sang et que vous avez plongées dans le gouffre de l'apostasie. Notre Dieu est patient, Seigneur, mais il est terrible. Un jour viendra....

— Assez, Madame, dit Maximin d'un ton bref où perçait la colère; assez et trop. On se reverra. »

Catherine avait en partie atteint le but de sa démarche. Elle avait protesté contre la lâche trahison d'une poignée de chrétiens, elle avait fait une profession publique de sa foi et peut-être éveillé quelque remords dans l'âme voluptueuse de Maximin. Elle n'avait rien de plus à attendre pour le moment. Elle salua l'empereur et sortit du temple, escortée, comme à son entrée, des officiers et des dames de sa cour.

Le jour même, à peine le sacrifice terminé, l'empereur la fit mander à son palais ; et quand la sainte se présenta, il l'accueillit avec une bienveillance insinuante qui était peu dans son caractère.

« Noble dame, lui dit-il dès qu'il fut seul avec elle, à mon grand regret je n'ai pu jouir aussi longtemps que je l'aurais désiré des sons harmonieux de votre voix ; je n'ai pu qu'entrevoir les charmes ravissants de vos traits. Dites-moi, charmante enfant, êtes-vous mortelle ou déesse? Quel est votre sang et quel est votre nom ?

— Je m'appelle Catherine, Seigneur, et suis la fille unique du roi Costus et de la reine Sabinelle. Leur souvenir est encore cher aux habitants d'Alexandrie.

— Costus, Sabinelle, reprit Maximin d'un air distrait, j'ai connu cela. »

Puis il se mit à considérer la jeune reine et à lui vanter ses attraits en termes peu mesurés.

« La beauté que vous admirez en moi, Seigneur, répondit Catherine qui commençait à se sentir à l'aise, est un avantage bien éphémère que l'âge, la maladie ou la mort emporte. Dieu la donne ou la reprend selon les desseins éternels qu'il a formés sur sa créature. Si du moins, ajouta-t-elle en levant les yeux au ciel, dans cette poignée de cendre et de poussière où la main du Tout-Puissant a daigné imprimer le cachet de sa grandeur, vous pouviez reconnaître un faible reflet de la beauté du seul vrai Dieu qu'adorent les chrétiens !

— Que dites-vous, Madame ? Lui, le seul vrai Dieu? Un misérable que ses attentats ont mené à la croix et que son art diabolique n'a pu arracher au supplice ? Un émeutier dont le cadavre fut volé par d'infâmes imposteurs et qu'on a voulu faire passer pour un mort ressuscité ? Un fils de charpentier dont les crimes....

— Arrêtez, Seigneur, s'écria Catherine avec une noble indignation ; ne blasphémez pas ce que vous ignorez. Quand j'écrase vos dieux sous le poids de mon mépris, quand je leur reproche d'être des adultères, des assassins, des brigands, je sais du moins ce que je dis. Depuis l'âge de cinq ans, mon intelligence ne s'est nourrie que de vos fables. Vous n'avez pas un philosophe, pas un historien, pas un rhéteur dont je n'aie lu et approfondi les livres. Si le quart de ce qu'ils m'ont appris est fondé, tous vos dieux sont des monstres, et votre Olympe est un mauvais lieu.

— Calmez-vous, noble princesse, reprit Maximin en souriant. La colère vous sied mal ; elle vous ôte de vos charmes. Vous comprenez qu'il ne convient ni à mon rang, ni à mon état de disputer avec vous sur ces sortes de questions. Assez d'autres s'en occuperont. Quand vous aurez entendu la parole de nos maîtres, je ne doute aucunement que vous ne reveniez de vos folies et qu'un jour, ajouta-t-il d'un ton qui voulait être caressant, nous n'allumions ici même les torches de l'hyménée.

— Jamais !

— Nous verrons. »

Sur ce mot prononcé d'un ton de dépit, l'empereur lança un regard foudroyant à la pauvre jeune fille et rompit brusquement l'entretien, à la grande satisfaction de Catherine.

CHAPITRE VI. — La lutte et le triomphe.

APRÈS cette entrevue, Maximin, redoutant peut-être que la courageuse héroïne chrétienne ne parvînt à se soustraire par la fuite au sort qu'il lui réservait, lui fit assigner des appartements au palais impérial sous l'œil toujours vigilant de ses gardes. Dans l'espoir de réduire à néant les arguties de sa captive, il fit écrire aux philosophes les plus renommés de ses États, pour les inviter à se réunir au plus tôt en sa présence. Il s'agissait, disait-il, d'une affaire qui lui tenait beaucoup au cœur. En peu de jours cinquante philosophes se trouvèrent à Alexandrie, disposés à assister le prince de leurs lumières et de leurs conseils. Mais lorsqu'ils apprirent que toute leur mission consistait à réfuter les arguments d'une jeune personne plus propre, semblait-il, à filer sa quenouille qu'à disputer sur des questions de philosophie, ils se crurent joués par l'empereur qui aimait à rire à ses bons moments. Le plus célèbre d'entre eux se permit même de dire assez haut pour être entendu du prince : « C'est une mauvaise plaisanterie ; le dernier de nos disciples suffirait à cette besogne. Qu'était-il besoin de nous déranger ? » Maximin tira de ces paroles l'heureux augure que tout irait bien.

Quand tous les philosophes furent réunis, l'empereur fit introduire Catherine et ordonna d'ouvrir les portes de son palais à la foule des curieux dont il espérait faire autant de témoins du triomphe indubitablement réservé à la doctrine du paganisme.

Au moment même où les gardes invitèrent Catherine à les suivre hors de ses appartements, la jeune épouse du Christ venait de recevoir d'en haut l'annonce de la lutte qu'on lui préparait. Un ange éclatant de lumière était descendu auprès d'elle et lui avait dit de la part de Dieu : « Ne craignez rien, enfant chérie du Ciel. La sagesse de Dieu même éclairera votre sagesse. Par votre bouche elle fera entrer les vérités du christianisme dans l'esprit de ces philosophes. Ils mourront pour la foi en compagnie d'un grand nombre de païens, et vous-même vous partagerez avec eux la couronne du martyre. » Elle ne fut donc pas surprise quand sa porte s'ouvrit. Elle se jeta à la hâte un manteau de pourpre sur les épaules, agrafa son voile et suivit ses conducteurs.

A son entrée dans la grande salle du palais, tous les philosophes se levèrent comme d'instinct, tant elle

avait de douce majesté empreinte sur ses traits et dans
sa démarche aussi noble que dégagée. Elle les salua d'un
gracieux sourire, s'arma, sous les yeux de tous, du
signe de la croix, et alla s'asseoir sur le siége qu'on lui
avait réservé. Le plus distingué des philosophes ouvrit
aussitôt la discussion :

« C'est donc vous, Madame, dit-il à Catherine, qui
parlez avec si peu de retenue de nos Dieux, comme si
l'intempérance du langage pouvait tenir lieu de bonnes
raisons.

— C'est effectivement moi, répondit Catherine d'un
ton doux et modeste, qui ai parlé de vos dieux avec
plus de modération qu'ils n'en méritent.

— Eh quoi, Madame, ces Dieux dont nos plus illustres poètes ne parlent qu'en des termes pleins de vénération, vous osez les méconnaître, blasphémer leur
nom, ridiculiser leur pouvoir, tandis que vous honorez
un dieu crucifié dont nul ancien n'a jamais fait men-
tion ! Et pourtant vous avez été, dit-on, nourri du lait
des Muses.

— Si j'ai quelque sagesse, reprit Catherine, elle est
le don du Dieu qui est sagesse et vie. Le craindre et
le servir est le principe d'une sagesse plus haute. Au
contraire, tout ce qui touche à vos idoles est rempli
d'absurdités, de mensonges, et jamais ne saurait être
assez méprisé. Dites-moi, de grâce, quel est celui de
vos poètes que vous jugez avoir le mieux parlé de vos
dieux ? »

Le philosophe interpellé ne fut point embarrassé. Il
cita tout au long des passages d'Homère, de la Théo-
gonie d'Orphée. Catherine convint que les citations
étaient exactes, mais elle fit remarquer que ce brave

Homère, si respectueux de Jupiter entre autres, en faisait, à plus d'un endroit de ses rapsodies, un monstre absurde de duplicité, de mensonge et de luxure; qu'Orphée n'avait pas manqué de se contredire et de s'amuser assez gaillardement aux dépens de ce qu'il appelait la justice humaine qui avait créé des dieux. Elle cita un beau texte de Sophocle pour prouver que cet illustre poète admettait l'unité de Dieu. « Quant à ce que vous m'objectez, ajouta-t-elle, que mon Dieu crucifié n'a pas même son nom dans les ouvrages que vous avez appris à respecter, l'argument, fût-il vrai, ne serait pas bien redoutable. Malheureusement pour vous, il est faux. Des oracles dont vous ne sauriez récuser l'autorité ont pour ainsi dire esquissé la terrestre carrière du Dieu des chrétiens longtemps avant son apparition sur la terre. » Catherine le prouva par un texte de la sibylle de Cumes et par un autre emprunté à l'oracle de Delphes. Elle en profita pour exposer longuement, dans toute sa sublimité, la pure doctrine catholique, en faire ressortir l'incontestable harmonie et les vues surhumaines.

A mesure qu'elle parlait, son regard s'illumina de clartés divines, la douce mélodie de sa voix prit des accents inconnus à la terre; un séraphin descendu des cieux n'aurait eu ni plus d'éclat, ni plus des majesté. « Oh ! oui, venez, s'écria la sainte en terminant, venez à Celui que tous vos grands hommes ont entrevu depuis Orphée jusqu'à Platon, à Celui dont votre Apollon lui-même a proclamé la divine origine, à Celui qui vous tend les bras et vous dit par ma bouche : « Venez à moi, vous tous qui êtes dans le travail et dans la peine, et je vous réconforterai ! »

A ces mots, où vibrait tout le cœur de la sainte, un frémissement involontaire parcourut toute l'assemblée. Les cinquante philosophes, sous le prestige de ces accents pleins de feu, restèrent dans le silence et courbèrent la tête devant la jeune reine découronnée et captive. La grâce d'ailleurs avait opéré dans leurs âmes, et quand Maximin, embarrassé de ce silence prolongé, les engagea à poursuivre la dispute, tous d'une commune voix lui répondirent qu'ils n'avaient rien à répondre.

« Comment ! s'écria Maximin fou de colère, vous n'avez rien à répondre ? Espérez-vous par hasard me rendre dupe de vos artifices ? Vous ne vous êtes donc rendus dans mon palais que pour faire triompher d'une manière plus éclatante l'exécrable doctrine du Nazaréen ? Mais j'aurai raison de votre attentat. Vous expierez dans les flammes la noirceur de votre conspiration. Qu'on les entraîne, ces savants hypocrites, et qu'on les brûle sur la grand'place de la cité. Alexandrie saura ce qu'on gagne à défier ma colère. »

En entendant leur sentence de mort, les philosophes, atterrés un instant, se levèrent d'un mouvement unanime, et, se prosternant aux pieds de Catherine, ils lui dirent, par l'organe du plus célèbre d'entre eux :

« Auguste princesse, daignez bénir vos frères : nous voulons mourir chrétiens. »

Catherine, au comble de la joie, se leva de son siége :

« Heureux, trois fois heureux, mes frères, s'écriat-elle, vous qui sortez des ténèbres de l'erreur pour marcher dans la pleine lumière de la vérité! Vous désertez un empereur destiné à mourir aussi bien que vous, pour suivre les drapeaux du Roi immortel des siècles. Oh! oui, allez, mes frères, volez au lieu de votre martyre. L'eau sainte du baptême ne peut couler sur vos têtes ; mais les flammes, en dévorant vos membres, effaceront vos souillures et purifieront vos âmes. Allez ; que nul ne faiblisse. Bientôt je vous rejoindrai dans la céleste patrie... Épouse du Christ, je vous bénis en son nom. »

Et de sa blanche main, la princesse forma le signe de la croix sur ces martyrs prosternés.

CHAPITRE VII. — Les préludes du martyre.

AU BOUT de peu d'instants, la salle du palais fut déserte. Il n'y resta que Catherine et Maximin. L'empereur s'était calmé. Son âme, à son insu, était sous le charme de ce mâle courage uni à tant de chaste beauté. Par moments, il avait cru voir comme une auréole de feu autour du visage de la vierge, et une fois encore il se demanda s'il avait bien une mortelle devant lui. Ne pouvant rien obtenir par la raison, il se flatta d'être plus heureux par ses caresses. Aussi fut-ce d'un ton presque amical qu'il s'adressa à Catherine et lui dit :

« Je vois, ravissante princesse, que vous êtes aussi instruite que belle. Ce n'est certes pas moi qui rouvrirai contre vous une dispute où Minerve elle-même devrait s'avouer vaincue. Nous avons du reste mieux à faire, ce me semble, que de discuter sur la valeur de nos dieux. Croyez-moi, ma belle enfant ; vous êtes jeune et sans expérience. Moi, je vous aime comme un père et n'ai en vue que votre bien. Ne persistez pas à profaner les belles qualités que vous devez à Mercure, le dieu de l'éloquence, et aux Muses, ses sœurs. Abjurez un culte infâme, offrez comme autrefois l'encens à nos idoles, et le César d'Alexandrie met sa couronne à vos pieds.

— Moi ! s'écria Catherine en retirant sa main que l'empereur allait saisir, que je trahisse mon Dieu ! que j'abjure mon époux ! Jamais !

— Votre époux, Madame ?

— Oui, Seigneur ; ce misérable, cet émeutier, ce malfaiteur, comme vous disiez naguère, le crucifié de Jérusalem, que vous insultez parce que vous ne le connaissez point, a daigné, tout Dieu qu'il est, me choisir pour son épouse. Voyez cet anneau ; c'est de sa main que je l'ai reçu. Mon cœur est à lui, nul autre n'en est digne.

— Nul autre n'en est digne ? Songez-vous, Madame, à qui vous le dites ?

— Je le dis à Maximin, dont le Ciel aura bientôt puni les crimes.

— Arrêtez, misérable ! N'entendez-vous pas le crépitement des flammes où périssent les victimes que vous avez séduites ? Ne savez-vous pas que leur sort peut être le vôtre ?

— Je sais, reprit Catherine, que la fille des rois d'Alexandrie rougirait de trembler devant l'usurpateur de leurs domaines.

— Que dites-vous, malheureuse ? s'écria l'empereur en bondissant. Vous oubliez que votre pourpre est une faible défense contre ma colère ; que d'un signe de ma main je puis faire tomber cette tête, malgré le diadème qu'elle porte ; que je puis déchirer ce corps vêtu de soie, défigurer ce beau visage dont vous escomptez par trop les charmes.

— Vous pouvez tout, Seigneur, sauf m'arracher du cœur l'amour que j'ai voué au supplicié du Calvaire. Pour lui je saurai mourir, trop heureuse, ajouta-t-elle en soupirant, de lui rendre vie pour vie. Mais, sachez-le, Seigneur, la fille du roi Costus ne mourra pas seule. Votre palais est rempli de chrétiens. Ils tremblent aujourd'hui ; mais mon sang retrempera leur courage et de leur cendre naîtront de nouveaux adorateurs du Christ.

— Non, s'écria Maximin au paroxysme de la rage, non ; vous ne mourrez pas. Mon amour méconnu ne serait pas assez vengé. Vous vivrez pour souffrir ; vous viderez jusqu'à la lie la coupe de mes fureurs, et que la foudre des Dieux m'écrase si je laisse un seul de vos membres sans torture. Gardes, hurla-t-il d'une voix de taureau blessé qui retentit jusqu'au vestibule de la salle, qu'on entraine cette femme ; qu'on la mène là, dans la rue, sous cette fenêtre ; qu'on la dépouille de ses vêtements, qu'on la déchire sous mes yeux, à coups de lanières armées de pointes de fer, et qu'ensuite on la jette dans un noir cachot et qu'on la laisse sans nourriture et sans boisson.... Son époux y pourvoira, ajouta-t-il en ricanant.

— Mon Dieu, murmura Catherine, soyez béni et soutenez mon courage.

Arrivée à la porte du palais, la chaste épouse de Jésus-Christ aperçut une foule compacte qui attendait, partagée entre des sentiments bien divers, l'issue de la longue conversation de l'empereur avec Catherine. Il se trouvait là bon nombre de chrétiens trop timides pour faire une profession publique de leur foi. Leurs yeux se mouillèrent de pleurs en voyant des bourreaux inhumains, habitués à cette infâme besogne, arracher violemment à l'heureuse martyre les vêtements qui la couvraient et ne lui laisser bientôt, comme à Jésus lié à la colonne, que les flots d'un sang virginal pour rassurer sa pudeur. Les ordres barbares de Maximin s'exécutèrent à la lettre. Deux heures durant, sous le regard satisfait du monstre, les coups ne cessèrent de pleuvoir sur ces membres délicats qu'on aurait cru faits de marbre ou d'ivoire si le sang, jaillissant par mille blessures, n'eût attesté la réalité d'une chair humaine. Les bourreaux s'arrêtèrent épuisés; pas un instant Catherine n'avait faibli. Sur un signe du tyran, on lui jeta tant bien que mal sur le corps ses vêtements de soie blanche, aussitôt imprégnés de la pourpre de son sang. On la traîna ensuite à travers les rues dans un des cachots les plus infects de la ville où la lumière ne pénétrait que par une étroite lucarne garnie d'épais barreaux de fer. Arrivée en ce triste lieu, Catherine se laissa tomber sur ses genoux douloureusement meurtris et sa bouche n'eut qu'un cri pour le Ciel : « Merci, mon Dieu! »

CHAPITRE VIII. -- Une visite inattendue.

LE JOUR même de cette barbare exécution, Maximin quitta Alexandrie pour n'y rentrer qu'au bout de douze jours. La ville entière, on le comprend, ne parlait que des terribles effets de la colère de l'empereur, et témoignait pour Catherine de l'intérêt touchant que ne pouvaient manquer d'éveiller, en dépit de la profonde différence de religion, ses anciens titres, son jeune âge, sa sagesse et sa beauté. Le bruit en parvint naturellement jusqu'aux oreilles de la femme de Maximin, qui conçut un violent désir de voir cette jeune reine si intéressante et si belle, et d'entendre de sa bouche ces admirables maximes dont on lui avait vanté la sagesse et la perfection. Malheureusement elle ne savait comment parvenir auprès de la sympathique prisonnière sans attirer sur sa propre tête les rigueurs de Maximin, s'il venait à en être informé. Quelques jours s'écoulèrent entre la crainte d'un époux sans entrailles et la curiosité, si naturelle à une femme, de s'entretenir avec une personne qu'on disait la merveille de son sexe.

Comme c'était à prévoir, la curiosité l'emporta. L'impératrice fit mander auprès d'elle Porphyre, le chef de la garde prétorienne dont elle connaissait l'incorruptible caractère, et lui arracha la promesse qu'il la mènerait auprès de la captive.

Le soir de ce jour, à l'heure convenue, deux cents prétoriens attendaient devant la porte du palais. Un homme de haute stature en sortit accompagné d'une dame dont rien absolument ne trahissait le rang. Un ample manteau l'enveloppait des pieds à la tête et n'eût rien laissé deviner quand la nuit eût été moins sombre. Sur un signal de cet homme aux allures mystérieuses, qui n'était autre que Porphyre, la troupe entière se mit en marche et ne s'arrêta qu'aux portes de la prison dont les geôliers avaient été achetés à prix d'or.

L'impératrice entra seule avec Porphyre sous la conduite d'un gardien. Elle fut aussi surprise que son guide de voir, à cette heure de la nuit, une vive lumière passer par l'étroite lucarne du réduit où gisait la captive. Quand la porte s'ouvrit en grinçant sur ses gonds, l'étonnement de la princesse fit place à un enthousiasme qui lui ôta toute prudence. Catherine était en prières. Son beau visage étincelait comme un brillant soleil et son long regard semblait se perdre au-delà des voûtes de sa prison. Par un sentiment de vénération dont elle ne se rendait pas compte, l'impératrice s'arrêta comme clouée sur le seuil. Mais à peine Catherine, rappelée soudain aux réalités de ce monde, eut-elle jeté sur cette apparition nocturne un regard plein de bonté et de noblesse, que la femme de Maximin se précipita, les yeux en pleurs, à ses genoux en s'écriant comme ivre de joie : « C'est maintenant que je suis vraiment heureuse ; c'est maintenant que je me sens impératrice, puisque ma dignité me vaut la faveur d'assister à un aussi ravissant spectacle. Mon vœu le plus cher est rempli ; je vous vois, illustre servante de Dieu, je vous vois et je vous parle. Que m'importe après cela de perdre la vie ! Un rayon de votre face bénie vaut bien qu'en affronte la mort. Oh ! sainte enfant, quel bonheur est le vôtre de servir un Dieu si magnifique dans ses dons et dans ses récompenses !

— Oui, Madame, notre bonheur est grand, répondit Catherine, mais le vôtre n'est pas moindre. Je vois là-haut dans les cieux la couronne de gloire qui vous est destinée. Dans trois jours, en récompense d'affreuses tortures, elle ceindra votre auguste tête et ce sera pour l'éternité.

— Que dites-vous, illustre princesse? Des tourments? La mort? Oh! non, de grâce, je tremble à la seule idée des tourments. Je ne sais que trop, hélas! combien l'empereur est cruel, combien il trouve de charme à voir souffrir ceux qui l'irritent.

— Ne craignez rien, auguste impératrice; vous aurez Jésus-Christ dans le cœur, il ne permettra pas que vous faiblissiez dans les tortures. Par les souffrances d'un instant vous mériterez la jouissance d'un bonheur que rien n'altère.

— Et à moi donc, demanda Porphyre, que me donnera Jésus-Christ si je crois en lui? Car, à mon tour, je suis sa conquête ; je ne veux plus combattre qu'à ses côtés.

— N'avez-vous jamais lu les Écritures des chrétiens? demanda Catherine.

— Hélas! non, Madame, répondit Porphyre. Élevé dans les camps, je n'ai jamais connu que la guerre ; je n'ai jamais eu d'autre souci que de combattre vaillamment les ennemis de mon prince et d'étendre ses domaines.

— Eh bien, reprit Catherine, voici la réponse que

vous fait le Christ lui-même par la bouche d'un converti comme vous : « L'œil n'a point vu, l'oreille n'a point entendu, le cœur de l'homme ne peut concevoir ce que Dieu réserve à ceux qui l'aiment. » (I COR., II, 9). Vous voyez, général, qu'on ne perd rien à tout sacrifier pour le seul vrai Dieu. Voulez-vous être à ce grand roi qui seul s'appelle à juste titre le Dieu des armées?

— Oui, je le veux, prisonnière bénie, s'écria Porphyre. À lui tout ce que je possède, à lui mon sang, à lui ma vie!

— Béni soit Dieu ! répondit Catherine. Votre offre est acceptée ; votre martyre ne tardera pas ; des légions de guerriers victorieux vous attendent là-haut.

— J'ai hâte de les rejoindre, dit Porphyre. Et maintenant, partons, Madame, dit-il en s'adressant à l'impératrice qui tenait toujours son regard fixé sur Catherine : un plus long séjour en ces lieux pourrait éveiller des soupçons. Retournons au palais, où peut-être tous les yeux ne dorment point. Quoi qu'il arrive d'ailleurs, la nuit a été bonne. Allons nous préparer au martyre.

— Déjà ? murmura l'impératrice.

— Il le faut, Madame. Nous ferions courir trop de risques aux geôliers.

— Je n'y songeais pas. Allez, Porphyre. Je vous suis.

Et l'impératrice, en disant ces mots, déposa le baiser d'une mère sur le front de la martyre, la seule place de son corps qui fût restée sans blessure.

« Adieu, héroïque enfant, lui dit-elle en la quittant ; priez pour la femme de Maximin.

— Adieu, Madame ; adieu, Porphyre. À nous revoir bientôt au ciel. »

CHAPITRE IX.   De nouvelles conquêtes.

IL ÉTAIT plus que minuit quand l'impératrice, profondément émue de tout ce qui venait de se passer sous ses yeux, rentra dans ses appartements sans que personne au palais eût remarqué son absence. Porphyre, de son côté, avait eu soin de rappeler aux geôliers que la moindre indiscrétion de leur part pourrait leur coûter la vie. Ils n'avaient garde d'en courir le risque. Restaient les deux cents prétoriens qui avaient accompagné leur général. Rien n'était à craindre de ce côté. Ces braves guerriers étaient dévoués jusqu'à la mort au vaillant soldat qui les avait toujours menés à la victoire, et, plutôt que de l'exposer à la moindre disgrâce, ils se seraient fait hacher jusqu'au dernier. Tout donc garantissait à Porphyre un inviolable secret sur la démarche de cette nuit. Mais son cœur souffrait de laisser sa brave garde dans les ténèbres de l'idolâtrie, alors que le plein jour de la grâce se faisait dans son âme. Dès que l'impératrice fut rentrée dans ses appartements et qu'on n'eut plus rien à craindre pour elle, le général, transformé en apôtre, courut rejoindre ses prétoriens, et, les haranguant à la lueur des torches que portaient quelques-uns d'entre eux, il leur raconta, en style de soldat, ce qu'il avait vu dans la prison de Catherine.

« J'ai abjuré le culte de nos idoles, ajouta-t-il en terminant. Porphyre est chrétien. Sous peu de jours, dans quelques heures peut-être, l'empereur sera de retour au palais. Je n'ai pas appris l'art de feindre. Il saura que je méprise ses dieux. Sa colère sera terrible. Après vingt batailles qui furent autant de victoires, Porphyre perdra la vie par la main d'un bourreau !

— Non, mille fois non ! s'écria la garde, électrisée par ces mâles paroles. Pas un cheveu ne tombera de votre tête, ou vive Porphyre ! mort à Maximin !

Il y a trois heures, mes braves, reprit le général profondément ému, j'eusse accueilli avec bonheur cette protestation énergique de votre inaltérable fidélité. À présent, je ne le puis plus. Chrétien, je n'ai pas le droit de défendre ma vie contre le maître que le Ciel m'a donné ! Je mourrai sans murmure pour triompher là-haut. Que pas un d'entre vous ne cherche à empêcher ou à venger ma mort. Elle sera pour moi le suprême triomphe. Et vous, mes braves prétoriens, si vous n'avez pas le courage de suivre votre général...

— Nous le suivrons ! s'exclama la troupe.

— Vous le suivrez ?

— Jusqu'à la mort.

— Vous ne le pourrez sans être chrétiens.

— Nous sommes chrétiens.

— Dieu ! s'écria le général, c'est trop de bonheur en une nuit. »

Et pour la première fois ses yeux se mouillèrent de larmes. Il domina rapidement son émotion, et d'une voix vibrante :

« Eh bien, mes braves, continua-t-il, devant l'empereur comme sur le champ de bataille, dans l'horreur des tourments comme au sein de la victoire, vous verrez Porphyre à votre tête. Vous le suivrez comme toujours, et lui, il vous le jure par le Dieu des chrétiens, il ne reculera pas pour la première fois. Retournez à vos postes, et pas un mot de ce qui s'est fait. »

Cependant une scène d'une toute autre nature se passait dans la prison de Catherine. Après le départ de l'impératrice, l'héroïque martyre s'était remise en prières ; ses larmes coulaient avec abondance, et sa bouche ne cessait de répéter : « Mon Dieu, soutenez mon courage. » Tout à coup la prison se remplit d'une lumière nouvelle ; le Fils de Dieu, comme autrefois entouré de ses anges, mais d'une beauté plus ravissante encore, daignait descendre lui-même dans l'étroit cachot où pleurait son épouse, et, prenant dans ses mains divines la tête de la martyre :

« Ne crains rien, ma bien-aimée, lui dit-il ; je suis sans cesse avec toi ; les tourments ne sauraient te nuire. Le moment suprême n'est pas encore arrivé pour toi. Il faut que, grâce à tes souffrances, beaucoup d'âmes encore apprennent à connaître mon nom. Je ne multiplie tes épreuves que pour multiplier tes couronnes. Aie courage et confiance. Dans trois jours, tu seras entre mes bras. » Et il disparut.

CHAPITRE X. — Les cruauté d'un monstre.

LE JOUR même qui suivit cette nuit si féconde en évènements, Maximin rentra dans sa capitale, et son premier soin fut de faire amener devant son tribunal Catherine, qu'il se flattait de réduire plus facilement à ses volontés. Après douze longs jours de complète abstinence, il pensait la trouver toute défaite et respirant à peine, tandis que la sainte enfant apparut à ses yeux aussi belle, aussi fraîche, aussi rayonnante qu'avant son départ. Il s'imagina tout naturellement qu'en dépit de ses ordres formels les geôliers avaient pourvu aux besoins de la martyre, et se répandit contre eux en invectives et en menaces. Catherine, sans souci pour sa propre vie, ne voulut pas permettre que des innocents périssent à cause d'elle. Elle leva sur Maximin un de ces regards qui eussent attendri un tigre et lui dit d'une voix suppliante :

« Seigneur, n'écoutez pas les inspirations de votre colère. Elle vous rendrait injuste. Les hommes que vous avez commis à ma garde ont fidèlement exécuté leur consigne. Mais mon époux, comme vous le disiez, prince, y a pourvu. Chaque jour de ma captivité, par les barreaux de ma prison, il m'a envoyé une blanche colombe qui m'apportait dans son bec la datte du désert et les fruits de l'olivier.

— Oh ! séduisante enfant, s'écria Maximin, pourquoi vous obstiner à méconnaître mes volontés ? Faut-il que votre empereur se jette à vos genoux pour obtenir que vous viviez et que vous le fassiez vivre ? Oh ! de grâce, par pitié pour moi, abjurez un culte insensé, prenez place à côté de Maximin sur le trône de l'empire. Ayez quelque égard pour vos charmes ; ne les exposez pas à d'horribles tourments.

— Je vous l'ai dit, Seigneur, répondit Catherine, mes charmes ne sont rien. Un peu de poussière que le souffle de la maladie emporte, un amas de boue dont la mort débarrasse la terre. »

Pendant que la sainte parlait, un des courtisans

nommé Chursacès, s'étant approché de l'empereur, lui dit bas à l'oreille :

« Par cette voie-là, Seigneur, vous ne réussirez jamais. Plus vous insisterez, plus elle s'opiniâtrera. C'est le secret des jeunes filles. Si vous voulez la réduire, il faut agir sur son imagination, il faut frapper son exquise sensibilité, il faut la mettre en face de tourments dont elle n'a pas la première idée et qu'elle n'a pu entrevoir dans ses rêves.

— Mais lesquels ? demanda Maximin.

— Voici, Seigneur. Faites construire une immense et lourde machine, effroyable à voir et roulant avec fracas. Armez-la de quatre roues, disposées deux à deux, tournant les unes de droite à gauche, les autres de gauche à droite ; munissez-en les jantes de lames de rasoirs et de crochets aigus. Qu'entre ces quatre roues on ménage une place étroite où la patiente puisse être placée debout ; qu'ensuite, sous les yeux de la belle prisonnière, on fasse manœuvrer cette machine à vide. Vous verrez bien qu'elle fléchira, et, par Hercule, si elle persiste, le supplice sera trop doux encore pour venger l'injure infligée à votre amour méprisé. »

Ce projet infernal sourit à l'âme sanguinaire de Maximin ; il fit ramener la captive dans sa prison et prescrivit à Chursacès de faire exécuter au plus tôt le plan qu'il venait de lui soumettre. On y employa assez de mains pour l'avoir achevé en trois jours.

Au bout de ce temps, l'empereur fit reparaître Catherine en sa présence.

« Eh bien, lui dit-il, êtes-vous prête à obéir à mes ordres et à sacrifier à nos idoles ?

« — Je ne puis trahir mon Dieu, répondit Catherine.

— Vous le voulez donc, malheureuse ? Que votre désir s'accomplisse! »

Et ce disant, il entraîna la princesse auprès d'une fenêtre qui ouvrait sur la vaste place dont le palais était entouré. Là, sur un signal convenu, des bourreaux en grand nombre mirent en mouvement l'horrible machine dont la vue seule fit involontairement frémir la princesse. Maximin croyait toucher à son triomphe.

« C'est là, dit-il à Catherine, entre ces roues, que vos chairs seront découpées en lanières sanglantes ; c'est là que vous apprendrez, mais trop tard, ce que peut le courroux de Maximin. Dites , immolez-vous aux Dieux ?

— Seigneur, répondit Catherine, il est inutile de tant surseoir. Je vous ai dit que je veux mourir fidèle à mon culte. Ce que j'ai dit, demeure. Pourquoi hésiter si long-temps ? Je m'abandonne à votre fureur. »

Ce n'était pas ce que l'empereur voulait. Il en revint aux promesses séduisantes, aux termes d'affection, à la prière même, mais tout fut eu vain ; Catherine restait immuable dans sa résolution. Comme dernier essai, le tyran fit attacher sa victime au poteau qui se dressait au milieu des quatre roues, se flattant toujours que la martyre reculerait au dernier moment. Son espérance fut déçue.

A peine Catherine fut-elle enchaînée au carcan du poteau, alors que Maximin, à bout de patience, allait donner le signal du supplice, qu'un ange descendit du ciel, armé de la foudre de Dieu, brisa les liens de la martyre et dispersa au loin sur la place les débris informes de l'horrible machine. Plusieurs des assistants furent tués sur le coup, et un très grand nombre d'autres furent plus ou moins grièvement blessés. Quant à l'illustre épouse du Christ, au milieu du tumulte qu'avait provoqué cet évènement surnaturel, on la vit sur l'estrade, dans sa blanche tunique, le visage étincelant de lumière, les bras libres levés vers le ciel, et de milliers de bouches s'échappa, comme un tonnerre, le cri de tout un peuple : « Qu'il est grand le Dieu des chrétiens ! »

À ce moment même l'impératrice apparut au balcon à côté de Maximin, et, entraînant son époux plus avant dans la salle,

« Seigneur, lui dit-elle, faites grâce à votre prisonnière ; vous voyez bien que les tourments sont impuissants sur elle. Pourquoi vous obstiner follement contre son Dieu et le mien ?

— Et le vôtre ? cria Maximin rugissant de colère ; ainsi, dans mon entourage même, je ne dois compter que des ennemis ! Eh bien, que le monde sache qu'on ne me hait pas impunément. Gardes, emparez-vous de cette femme qui n'est plus votre impératrice, et que son sang efface le déshonneur qu'on inflige à mon nom ! »

Aux yeux de ce monstre couronné, la mort seule eût paru un châtiment trop doux pour celle qui partagea son trône. Il la condamna à passer, avant de mourir, par des tortures horribles qui insultaient à la fois à sa dignité de femme et de mère. Par un effroyable raffinement de cruauté, il commença par lui faire arracher les chairs de la poitrine en les écrasant à diverses reprises entre la cage et le couvercle, armé de pointes de fer, d'un immense coffre en bois solidement fixé sur le sol ; puis, quand il la vit tout en sang, les côtes et les os mis à nu, il prononça d'un ton bref sa sentence de mort.

L'impératrice l'entendit sans frémir, et quand, traînée par les gardes au lieu du supplice, elle passa auprès de Catherine, elle lui cria avec un accent de joie surnaturelle : « Sainte épouse du Christ, priez pour moi !

— Allez en paix, Madame, répondit Catherine ; vous régnerez avec Jésus à jamais. »

Moins d'un quart d'heure plus tard, la tête de l'impératrice tombait sous le glaive du bourreau, et son âme montait épurée et glorieuse aux célestes parvis.

CHAPITRE XI.   Le martyre et sa récompense.

TOUT n'était pas terminé. En condamnant sa femme aux tortures et à la mort, Maximin avait eu peut-être l'arrière-pensée d'ouvrir à Catherine un plus libre accès au trône, ou de l'épouvanter en lui montrant qu'aucune considération n'était capable d'arrêter ses brutales fureurs. Si tel était son calcul, il ne tarda pas à le voir tourner contre lui. Catherine ne changea pas même d'aspect à la vue de l'impératrice mise en pièces, et ne fit que s'encourager par ce spectacle à donner sa vie pour son Dieu. D'un autre côté, sous les yeux mêmes de l'empereur, il se déroula une scène tout à fait inattendue qui, en d'autres circonstances, aurait pu lui coûter et le trône et la vie. En voyant les bourreaux sortir du palais pour entraîner l'impératrice à la mort, Porphyre, qui avait accompagné l'heureuse princesse à la prison de Catherine, jugea de son honneur de ne point lui survivre. D'un pas aussi assuré que s'il eût marché à la conquête d'un royaume, il monta, suivi de sa garde, les marches du prétoire, s'avança jusqu'au pied du tribunal de Maximin, et, s'adressant à l'empereur avec l'indignation d'un vaillant soldat,

« Prince, lui dit-il, que votre bras ne se lasse point. Voici de nouvelles victimes. Porphyre avec ces braves prétoriens qui l'entourent vous ont fidèlement servi en toutes les rencontres. Pour vous, ils ont exposé leur vie sur vingt champs de bataille. Ils vous ont placé sur la tête le diadème que vous déshonorez par vos lâches cruautés. Aujourd'hui ils n'attendent de vous qu'une récompense : que leur sang se mêle au sang de leur impératrice, au sang de cette innocente victime — et sa main désignait Catherine, — car, sachez-le, Seigneur Auguste, Porphyre est chrétien et sa garde est chrétienne.

— Oui, oui, nous sommes chrétiens ! crièrent à la fois les deux cents compagnons de Porphyre. »

La foudre serait tombée aux pieds de Maximin qu'il n'aurait pu en être plus éperdu. Porphyre était le meilleur et le plus aimé de ses généraux. Un seul mot de sa bouche pouvait être un arrêt de mort pour l'empereur. Le misérable tyran en avait la conscience, et, aussi lâche que cruel,

« Malédiction, s'écria-t-il, je suis perdu ! Me laissera-t-on la vie sauve ? demanda-t-il en suppliant.

— La vie et le trône, reprit Porphyre. Vous n'avez

rien à craindre, implacable tyran ; les chrétiens meurent, mais n'assassinent point. Du reste, il vaut mieux que vous viviez. La vie du criminel est le commencement de son enfer. »

Ces paroles, toutes dures qu'elles étaient, rendirent un peu d'assurance à Maximin :

« Et pourquoi donc, demanda-t-il aux soldats de Porphyre, infligez-vous cette insulte à nos Dieux ? »

Les prétoriens ne trouvèrent pas de réponse, mais leurs regards se tournèrent vers leur général, comme pour l'engager à répondre en leur nom. Porphyre comprit.

« Pour quelle raison, prince, dit-il à Maximin, interrogez-vous les pieds, quand vous pouvez interroger la tête ?

— Mauvaise tête, que la vôtre, » reprit l'empereur. Et il se prit à trembler sous le regard du général.

Cette scène ne pouvait se prolonger sans péril. Le reste des prétoriens pouvait d'un instant à l'autre être informé de ce qui se passait à l'intérieur du palais, et, tout païens qu'ils étaient, prendre fait et cause pour leurs braves compagnons d'armes. Maximin le comprit et se hâta de condamner à la mort ces héros qui ne demandaient qu'à mourir. Leur exécution eut lieu le 24 novembre et réalisa la prédiction de Catherine, qui avait dit à l'empereur : « De la cendre de ces martyrs naîtront de nouveaux adorateurs du Christ. »

Le lendemain de cette exécution en masse fut le jour assigné par le Ciel au martyre de la sainte. Ramenée au tribunal de Maximin, qui épuisa, pour la faire fléchir, son vaste arsenal de promesses et de menaces, elle eut enfin le bonheur d'entendre prononcer sa sentence de mort. Elle ne marcha pas seule au lieu de l'exécution, situé hors de la ville. Les dames du plus haut rang se firent un devoir de l'accompagner, les yeux en pleurs, sur la route de son calvaire. Quand on fut entré dans l'enceinte réservée au supplice, Catherine, toujours ferme et courageuse, obtint des licteurs quelques instants pour se préparer à mourir. Alors, les genoux en terre, les mains et le cœur élevés au ciel, elle prononça distinctement cette suprême prière :

« O Jésus, mon Seigneur et mon Dieu, je vous rends grâces d'avoir fixé mes pieds sur la pierre immuable et d'avoir dirigé mes pas. Étendez vers moi vos mains bénies, cruellement déchirées sur la croix, et recevez mon âme que je sacrifie pour vous et pour la confession de votre nom. Souvenez-vous, Seigneur, que nous sommes chair et sang ; ne permettez pas que, devant votre redoutable et incorruptible tribunal, les impitoyables scrutateurs de mes actes puissent alléguer des fautes que j'ai commises par ignorance. Mon sang va couler pour vous ; qu'il efface mes souillures. Oh ! faites que mon corps, déchiré pour votre amour, échappe aux regards de ceux qui le cherchent. Au nom de cette Providence qui a pétri nos cœurs, je vous en conjure, ô mon Dieu, du haut du sanctuaire que vous habitez, jetez un regard de compassion sur ce peuple qui m'entoure et faites luire à ses yeux la lumière de votre foi. Accordez-moi une grâce suprême. Que tous ceux qui par moi invoqueront votre saint nom, soient exaucés dans leurs justes prières, et proclament au-dessus de tout vos grandeurs, maintenant et dans tous les siècles. »

Après cette prière, Catherine fit signe au licteur et lui dit d'un ton calme en courbant la tête : « Acquittez-vous de votre commission. »

Le licteur obéit, et du premier coup la sainte fut décapitée. Mais, ô merveille! en témoignage sans doute de sa pureté sans souillure, ce ne fut pas du sang, mais du lait qui jaillit de ses artères coupées, et, par un second prodige, sur l'heure même, des troupes d'anges vinrent, pleins de respect, enlever le corps de la martyre et le transporter sur les sommets du Sinaï.

Là se constitua plus tard un monastère de religieux, chargés de veiller avec soin sur ces précieuses dépouilles, et l'on raconte que chaque année, à la fête de sainte Catherine, le 25 novembre, des nuées d'oiseaux apportent dans leur bec une ou plusieurs olives au tombeau de la sainte, si bien que l'huile qu'on en tire suffit amplement aux usages du monastère. Au reste, du tombeau même, dit-on, et des moindres ossements qui s'y trouvent, suinte comme une rosée d'huile que les pieux pèlerins recueillent et qui leur vaut les plus étonnantes guérisons.

ORATIO
EX OFFICIO
Sanctæ Catharinæ,
DIE XXV NOVEMBRIS.

DEUS, qui dedisti legem Moysi in summitate montis Sinaï, et in eodem loco per sanctos Angelos tuos corpus beatæ Catharinæ virginis et martyris tuæ mirabiliter collocasti : præsta. quæsumus, ut ejus meritis et intercessione, ad montem, qui Christus est, pervenire valeamus ; qui tecum vivit et regnat in unitate Spiritus-Sancti, Deus, per omnia sæcula sæculorum.

Amen.

ORAISON
TIRÉE DE L'OFFICE DE L'ÉGLISE
EN LA FÊTE DE
Sainte Catherine,
LE 25 NOVEMBRE.

O DIEU, qui avez donné votre loi à Moyse sur le sommet du mont Sinaï, et qui avez fait enterrer au même lieu, par le ministère des Anges, le corps de votre vierge et martyre, sainte Catherine, faites que par ses mérites et son intercession, nous puissions arriver à la montagne qui est Jésus-Christ qui, étant Dieu, vit et règne avec vous dans l'unité du Saint-Esprit, à travers tous les siècles des siècles.

Ainsi-soit-il.

Sainte Catherine, vierge et martyre,
priez pour nous.

TABLE DES MATIÈRES.